Impressum
Verlag: BABADADA GmbH, Nedderfeld 112 , 22529 Hamburg
Geschäftsführer / Verlagsleitung: Harald Hof
Druck: Books on Demand GmbH, In de Tarpen 42, 22848 Norderstedt

Imprint
Publisher: BABADADA GmbH, Nedderfeld 112 , 22529 Hamburg, Germany
Managing Director / Publishing direction: Harald Hof
Print: Books on Demand GmbH, In de Tarpen 42, 22848 Norderstedt

el colegio
sekolahan

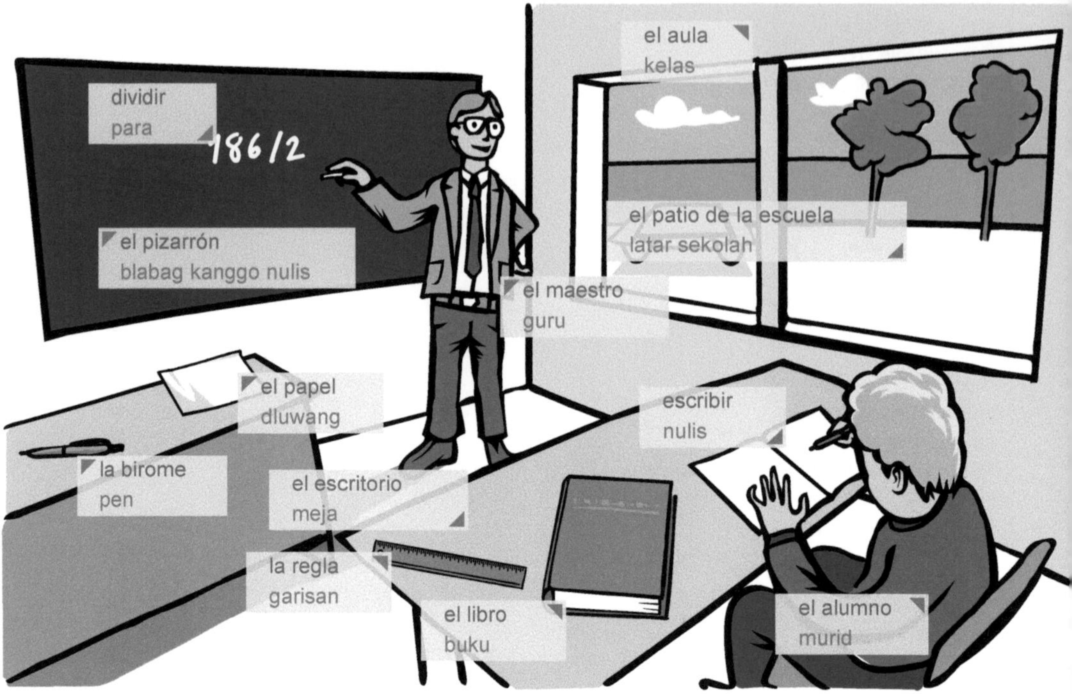
el aula
kelas
dividir
para
186/2
el pizarrón
blablag kanggo nulis
el patio de la escuela
latar sekolah
el maestro
guru
el papel
dluwang
escribir
nulis
la birome
pen
el escritorio
meja
la regla
garisan
el libro
buku
el alumno
murid

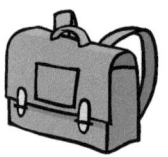

la mochila

tas sekolah

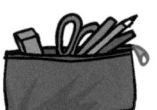

la caja de lápices

tepak potlot

el lápiz

potlot

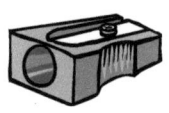

el sacapuntas

orotan potlot

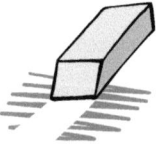

la goma (de borrar)

setip

el bloc de dibujo

lemek nggambar

el dibujo

gambar

el pincel

kuwas

la caja de pinturas

tepak cat nggambar

la tijera

gunting

el pegamento

lem

el cuaderno de ejercicios

buku latihan soal

la tarea

pakaryan omah

el número

angka

sumar

tambah

restar

suda

multiplicar

ping

calcular

itung

la letra

aksara

el abecedario

abjad

la palabra

tembung

el texto

teks

leer

maca

la tiza

kapur

la lección

wulangan

el cuaderno de clase

dhaptar

el examen

ujian

el certificado

sertipikat

el uniforme escolar

sragam sekolah

la educación

pendhidhikan

la enciclopedia

ensiklopedia

la universidad

universitas

el microscopio

mikroskop

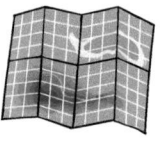

el mapa

peta

el tacho (de basura)

kranjang larahan

el viaje
perjalanan

el hotel
hotel
Grand
el hostel
hostel
ROOMS
sa de cambio
r pertukaran duit mancanegara
CHANGE
la valija
koper
el auto
mobil

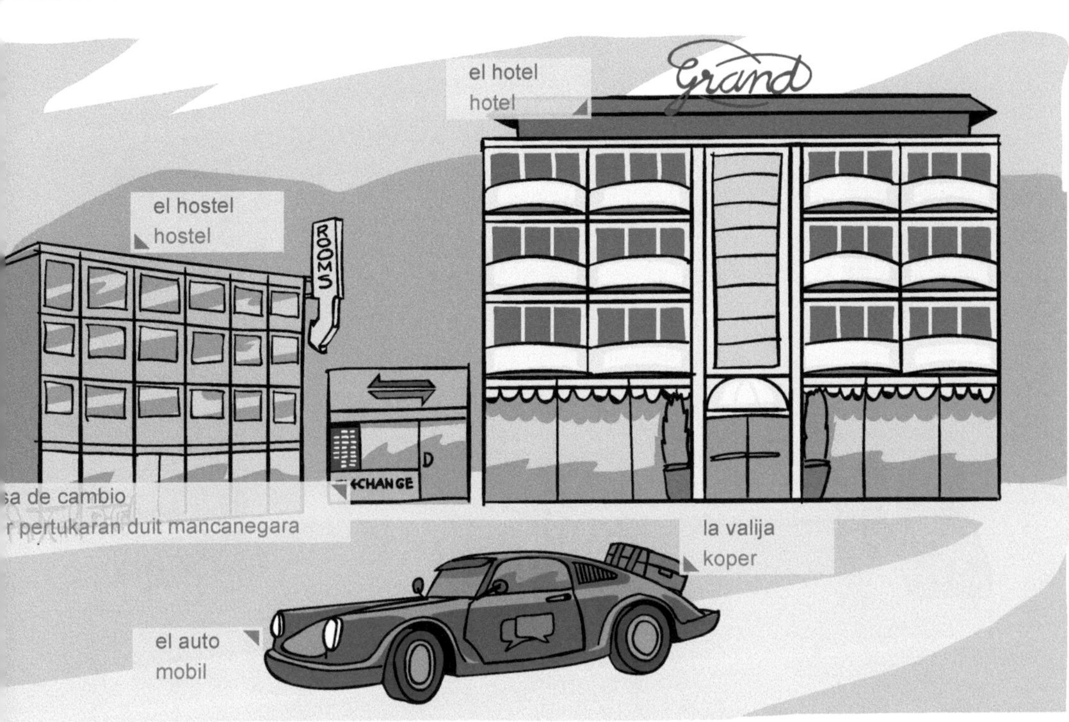

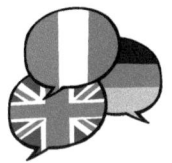

el idioma

basa

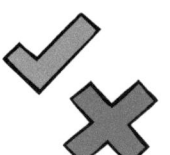

sí / no

iya / ora

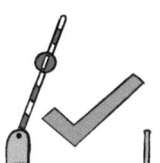

Está bien

oke

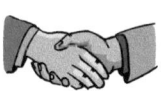

hola

halo

el traductor

juru basa

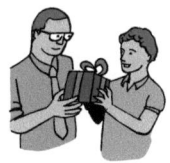

Gracias

matur nuwun

¿cuánto cuesta...?

Piro regane ...?

No entiendo

aku ora ngerti

el problema

masalah

¡Buenas tardes!

Sugeng dalu!

¡Buenos días!

Sugeng enjang

¡Buenas noches!

Sugeng dalu!

el adiós

pareng

la dirección

arah

el equipaje

koper

el bolso

tas

la mochila

ransel

el invitado

tamu

la habitación

kamar

la bolsa de dormir

kantong turu

la carpa

tenda

la información turística

informasi turis

la playa

pantai

la tarjeta de crédito

kertu kredit

el desayuno

sarapan

el almuerzo

mangan awan

la cena

mangan ing wayah bengi

el pasaje

tiket

el ascensor

lift

el sello

perangko

la frontera

watesan

la aduana

cukai

la embajada

kedutaan

la visa

visa

el pasaporte

paspor

el transporte
angkutan

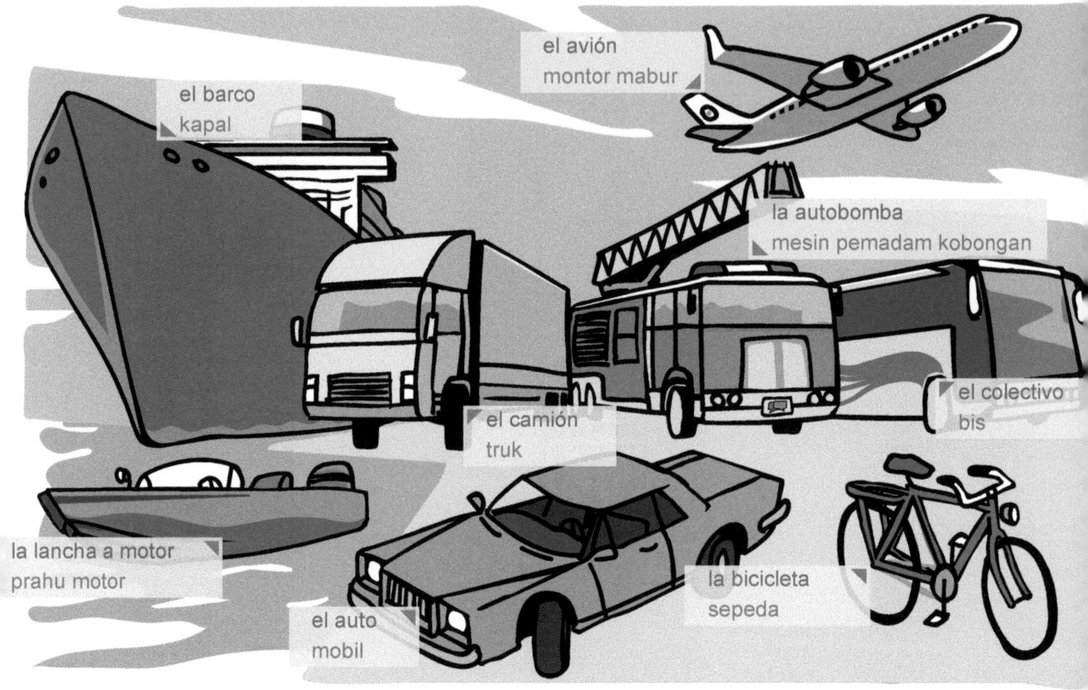
el avión
montor mabur
el barco
kapal
la autobomba
mesin pemadam kobongan
el colectivo
bis
el camión
truk
la lancha a motor
prahu motor
la bicicleta
sepeda
el auto
mobil

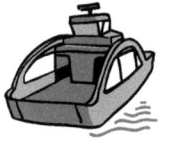

el ferry

feri

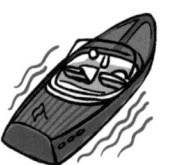

el bote

perahu

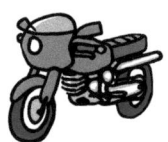

la moto

sepeda motor

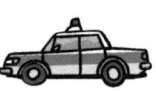

el patrullero

mobil polisi

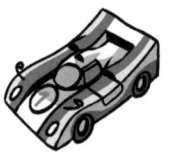

el auto de carreras

mobil balapan

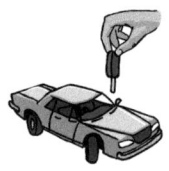

el auto de alquiler

mobil sewa

el alquiler de autos

sewa mobil

la grúa

truk derek

el camión de la basura

truk resek

el motor

motor

la nafta

bensin

la estación de servicio

pom bensin

la señal de tránsito

tanda dalan

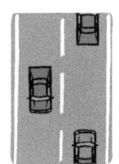

el tránsito

lalu lintas

el embotellamiento

macet

el estacionamiento

parkir mobil

la estación de tren

stasiun sepur

las vías

ril sepur

el tren

sepur

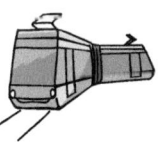

el tranvía

tram

el vagón

grobak

el helicóptero

helikopter

el aeropuerto

lapangan montor mabur

la torre

menara

el pasajero

penumpang

el contenedor

kontener

la caja de cartón

kerdhus

la carretilla

troli

la canasta

kranjang

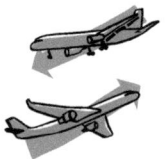

despegar / aterrizar

mabur / ndarat

la ciudad
kutha

el pueblo

desa

el centro de la ciudad

tengah kutha

la casa

omah

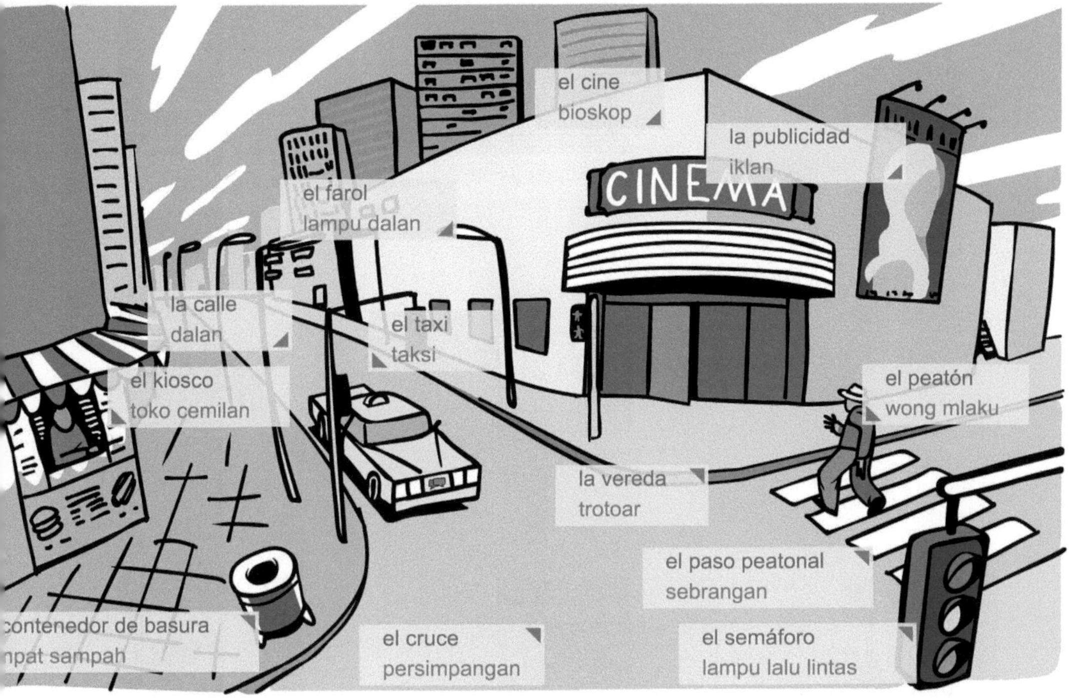
el cine
bioskop
la publicidad
iklan
CINEMA
el farol
lampu dalan
la calle
dalan
el taxi
taksi
el kiosco
toko cemilan
el peatón
wong mlaku
la vereda
trotoar
el paso peatonal
sebrangan
contenedor de basura
npat sampah
el cruce
persimpangan
el semáforo
lampu lalu lintas

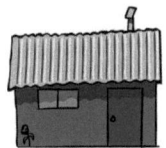

la cabaña

gubuk

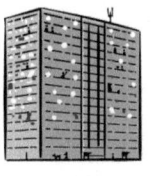

el departamento

apartemen

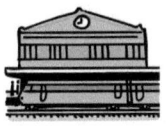

la estación de tren

stasiun sepur

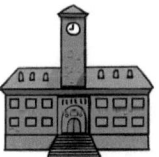

la municipalidad

bale kutha

MUSEUM

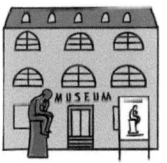

el museo

museum

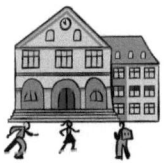

el colegio

sekolahan

la universidad

universitas

el banco

bank

el hospital

griya sakit

el hotel

hotel

la farmacia

apotek

la oficina

kantor

la librería

toko buku

el negocio

toko

la florería

toko kembang

el supermercado

supermarket

el mercado

pasar

las grandes tiendas

toko sarwa ana

la pescadería

toko iwak

el centro comercial

mal

el puerto

pelabuhan

el parque

taman

el banco

bangku

el puente

tretek

las escaleras

andha

el subte

metro

el túnel

trowongan

la parada del colectivo

halte bis

el bar

bar

el restaurante

restoran

el buzón

kotak surat

el letrero

pratandha dalan

el parquímetro

meteran parkir

el zoológico

kebon kewan

la pileta

kolam renang

la mezquita

masjid

la granja

kebon

la contaminación

polusi

el cementerio

kuburan

la iglesia

greja

los juegos infantiles

panggon dolanan

el templo

candi

el paisaje
lanskap

la hoja
godong

el poste indicador
plang

el camino
dalan

la pradera
beran

la piedra
watu

el excursionista
wong munggah

el árbol
uwit

el río
kali

la hierba
suket

la flor
kembang

el valle

lembah

la montaña

bukit

el lago

tlogo

el bosque

alas

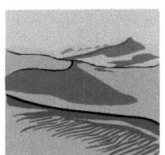

el desierto

ara-ara

el volcán

gunung geni

el castillo

keraton

el arco iris

kluwung

el champiñón

jamur

la palmera

uwit palem

el mosquito

lemut

la mosca

laler

la hormiga

semut

la abeja

tawon

la araña

angga-angga

el paisaje - lanskap

el escarabajo

kumbang

la rana

kodok

la ardilla

bajing

el erizo

landhak

la liebre

truwelu

la lechuza

manuk dares

el pájaro

manut

el cisne

banyak

el jabalí

celeng

el ciervo

kidang

el alce

menjangan

la presa

bendungan

el aerogenerador

turbin angin

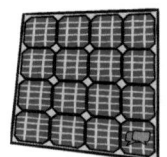

el panel solar

panel srengenge

el clima

iklim

el restaurante

restoran

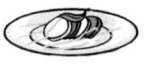

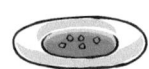

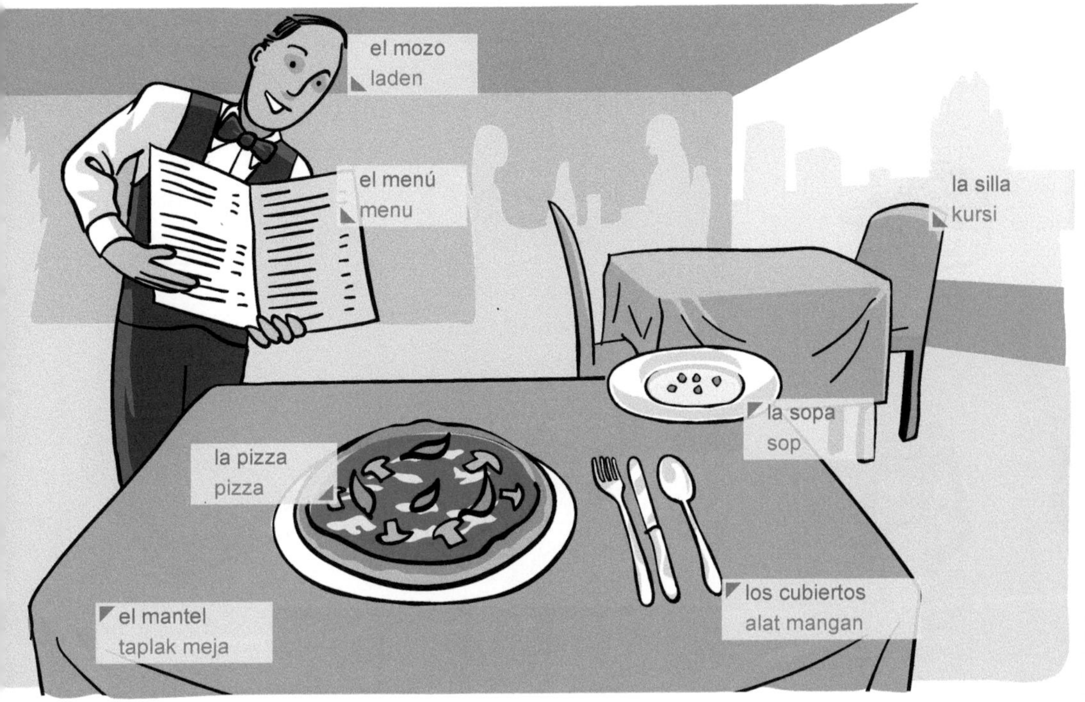

el mozo
laden
el menú
menu
la silla
kursi
la sopa
sop
la pizza
pizza
los cubiertos
alat mangan
el mantel
taplak meja

la entrada

hidangan pambuka

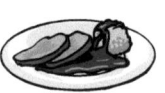

el plato principal

menu utama

el postre

hidangan penutup

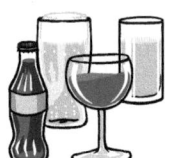

las bebidas

ombenan

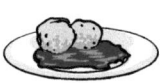

la comida

panganan

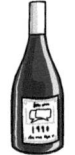

la botella

gendul

la comida rápida

panganan instan

la comida callejera

jajan cemilan

la tetera

ceret teh

la azucarera

kaleng gula

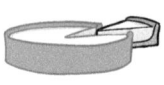

la porción

porsi

la cafetera expreso

mesin espresso

la sillita alta

kursi duwur

la cuenta

tagihan

la bandeja

baki

el cuchillo

lading

el tenedor

sendok garpu

la cuchara

sendok

la cucharita

sendok teh

la servilleta

serbet

el vaso

gelas

el restaurante - restoran

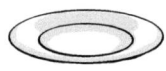

el plato

piring

el plato hondo

piring sop

el plato

lepek

la salsa

duduh

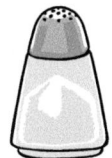

el salero

gendul uyah

el molinillo de pimienta

bubuk mrico

el vinagre

cuka

el aceite

lenga

las especias

bumbon

el kétchup

saos tomat

la mostaza

mustar

la mayonesa

mayones

el supermercado
supermarket

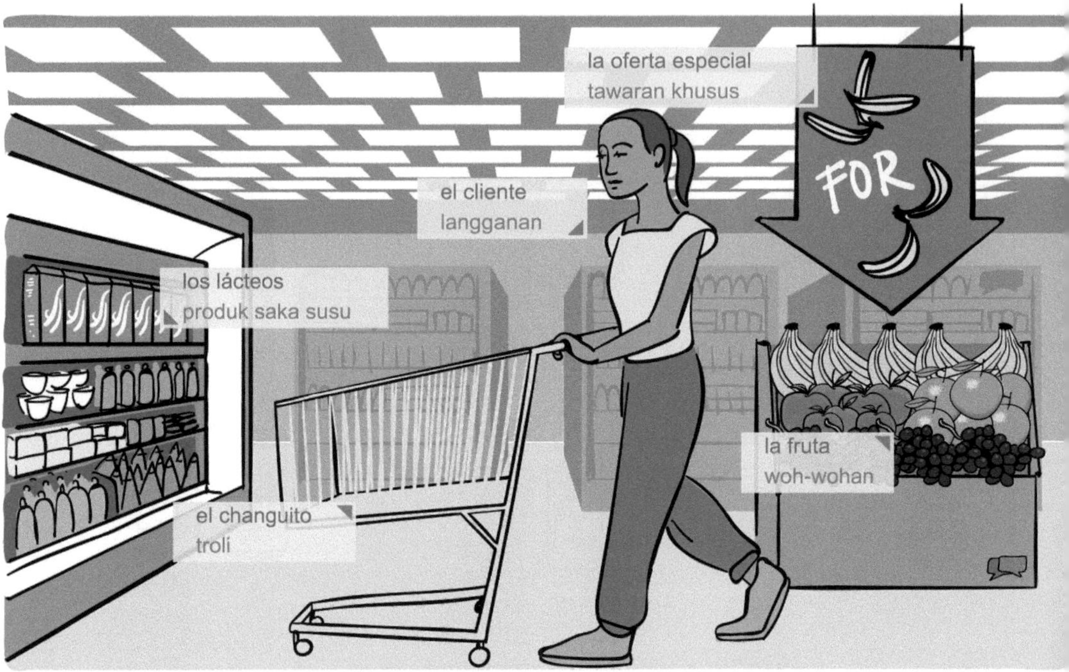

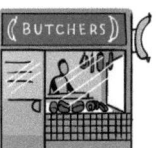

la oferta especial
tawaran khusus
FOR
el cliente
langganan
los lácteos
produk saka susu
la fruta
woh-wohan
el changuito
troli

BUTCHERS

la carnicería

toko daging

BAKERY

la panadería

toko roti

pesar

nimbang

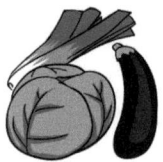

las verduras

janganan

la carne

daging panggang

los alimentos congelados

panganan beku

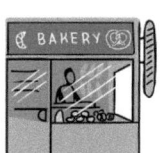

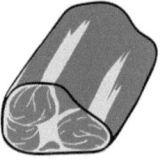

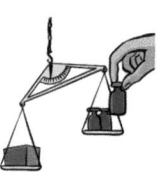

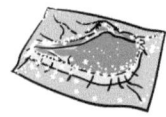

los fiambres

irisan daging

los alimentos enlatados

panganan kaleng

el detergente en polvo

deterjen

las golosinas

permen

los electrodomésticos

produk reresik omah

los productos de limpieza

produk reresik

la vendedora

bakul

la caja

mesin kasir

el cajero

kasir

la lista de compras

daftar blanja

el horario de atención

jam buka

la billetera

dompet

la tarjeta de crédito

kertu kredit

la cartera

tas

la bolsa de plástico

tas kresek

el agua

banyu

el jugo

jus

la leche

susu

la bebida cola

ombenan kanthi karbon

el vino

anggur

la cerveza

bir

el alcohol

alkohol

el cacao

coklat

el té

teh

el café

kopi

el café expreso

espresso

el cappuccino

cappuccino

la banana

gedhang

la manzana

apel

la naranja

jeruk

el melón

semangka

el limón

jeruk lemon

la zanahoria

wortel

el ajo

bawang

el bambú

pring

la cebolla

bawang

el champiñón

jamur

las nueces

kacang

los fideos

bakmi

los tallarines

spageti

el arroz

sego

la ensalada

salad

las papas fritas

kentang goreng

las papas fritas

kentang goreng

la pizza

pizza

la hamburguesa

hamburger

el sándwich

roti isi

el churrasco

daging irisan

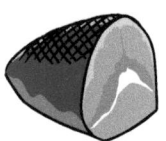

el jamón

daging ham

el salame

salami

la salchicha

sosis

el pollo

pitik

el asado

daging panggang

el pescado

iwak

los copos de avena

bubur gandum

el muesli

muesli

los copos de maíz

sereal jagung

la harina

glepung

la medialuna

croissant

el pancito

roti

el pan

roti

la tostada

roti panggang

las galletitas

biskuit

la manteca

mertega

la cuajada

dadih

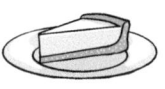

la torta

kue

el huevo

endog

el huevo frito

endog goreng

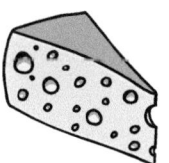

el queso

keju

el helado

es krim

el azúcar

gula

la miel

madu

la mermelada

sele

la pasta de chocolate

krim nugat

el curry

kare

la comida - panganan

la granja
kebon

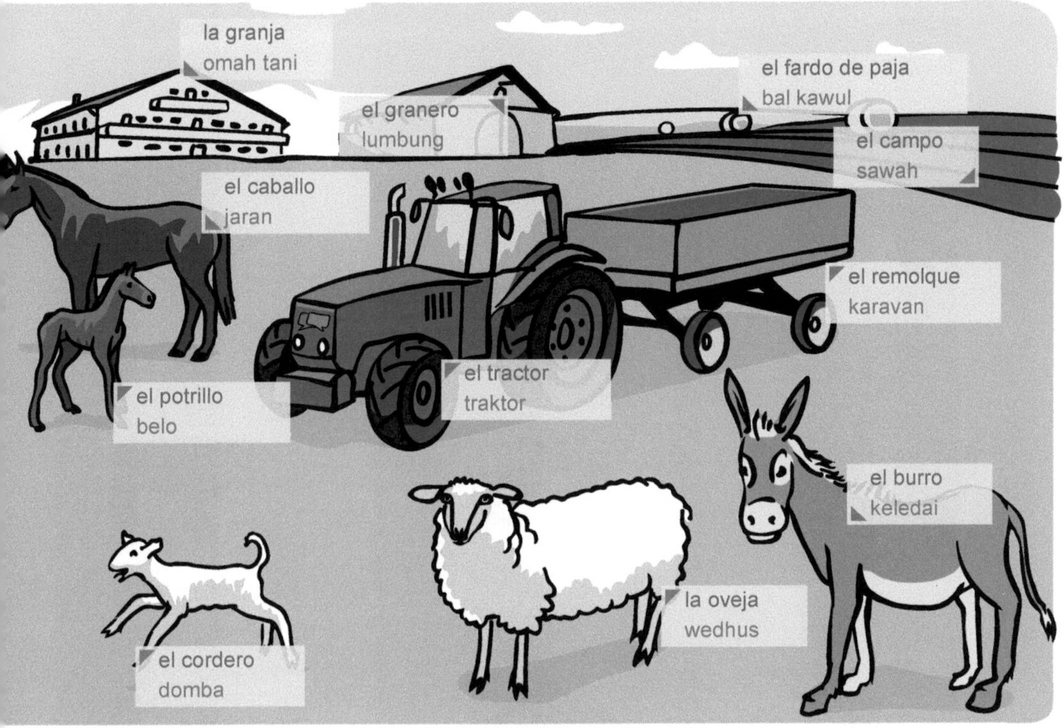
la granja
omah tani
el fardo de paja
bal kawul
el granero
lumbung
el campo
sawah
el caballo
jaran
el remolque
karavan
el tractor
traktor
el potrillo
belo
el burro
keledai
la oveja
wedhus
el cordero
domba

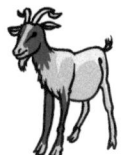

la cabra

wedhus

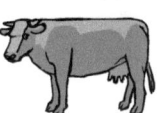

la vaca

sapi

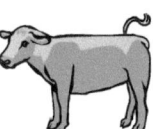

el ternero

pedhet

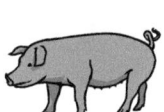

el cerdo

babi

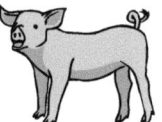

el lechón

gambluk

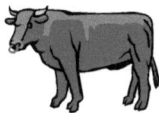

el toro

kebo

el ganso

banyak

el pato

bebek

el pollo

kuthuk

la gallina

babon

el gallo

jago

la rata

tikus

el gato

kucing

el ratón

tikus

el buey

sapi

el perro

asu

la cucha

kandang asu

la manguera

selang

la regadera

gembor

la guadaña

arit gede

el arado

waluku

la hoz

arit gede

la azada

pacul

la horquilla

garu

el hacha

kapak

la carretilla

grobak surung

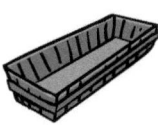

el abrevadero

wadah pakan

la lechera

kaleng susu

la bolsa

karung

la reja

pager

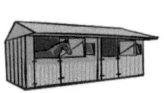

el establo

kandang

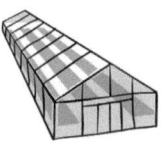

el invernadero

omah kaca

el suelo

lemah

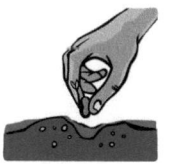

la semilla

wiji

el fertilizador

rabuk

la cosechadora

traktor panen

cosechar

manen

la cosecha

panen

las batatas

ubi

el trigo

gandum

la soja

kedelai

la papa

kentang

el maíz

jagung

la semilla de colza

lobak

el árbol frutal

wit woh-wohan

la mandioca

telo

los cereales

sereal

la casa
omah

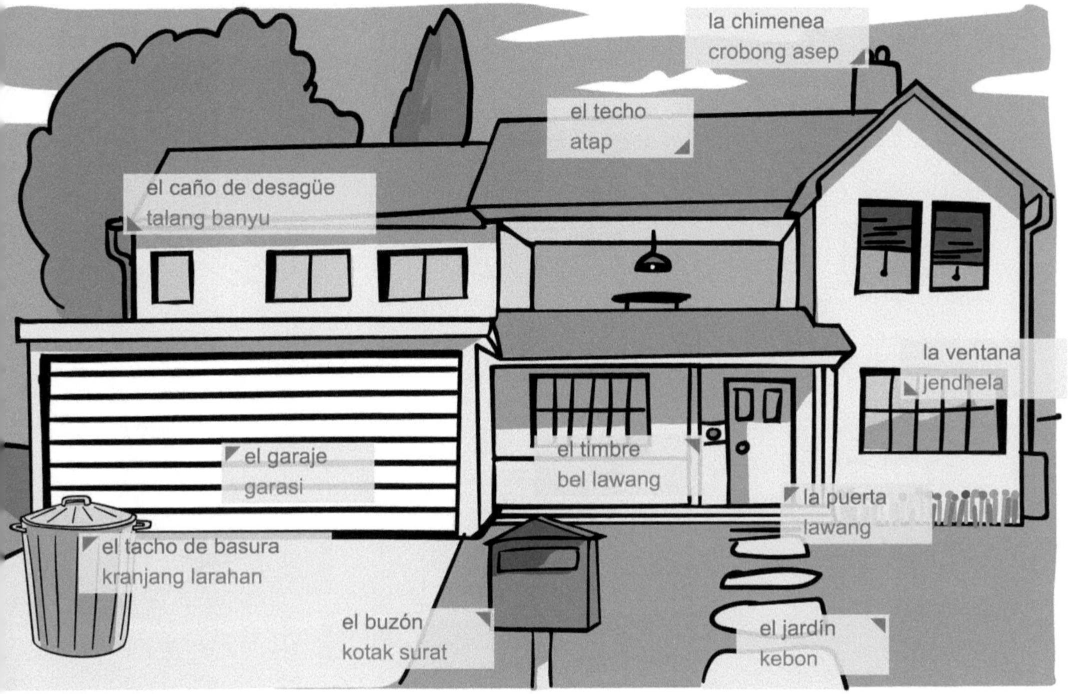

la chimenea
crobong asep
el techo
atap
el caño de desagüe
talang banyu
la ventana
jendhela
el garaje
garasi
el timbre
bel lawang
la puerta
lawang
el tacho de basura
kranjang larahan
el buzón
kotak surat
el jardín
kebon

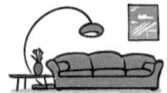

el living

ruang tamu

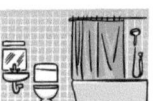

el baño

jedhing

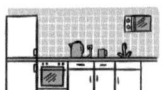

la cocina

pawon

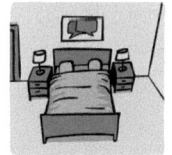

el dormitorio

kamar turu

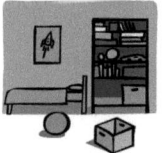

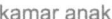

el cuarto de los chicos

kamar anak

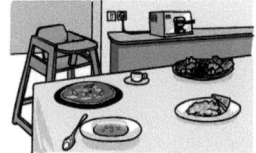

el comedor

kamar panedhaan

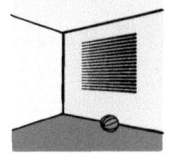

el piso

jobin

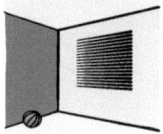

la pared

tembok

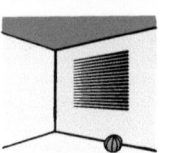

el cielorraso

pyan

el sótano

gudhang ing njero lemah

el sauna

sauna

el balcón

balkon

la terraza

teras

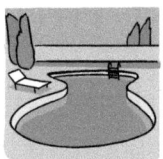

la pileta

blumbang kanggo nglangi

la cortadora de pasto

mesin kanggo motong suket

la sábana

lembaran

el acolchado

sprei

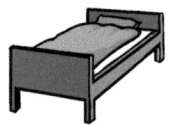

la cama

dipan

la escoba

sapu

el balde

ember

el interruptor

tombol

el living
ruang tamu

el empapelado
kertas tembok
la imagen
gambar
la lámpara
lampu
el estante
rak
el armario
lemari
la televisión
TV
la chimenea
perapian
la flor
kembang
el almohadón
bantal
el sofá
sofa
el florero
vas
el control remoto
remot kontrol

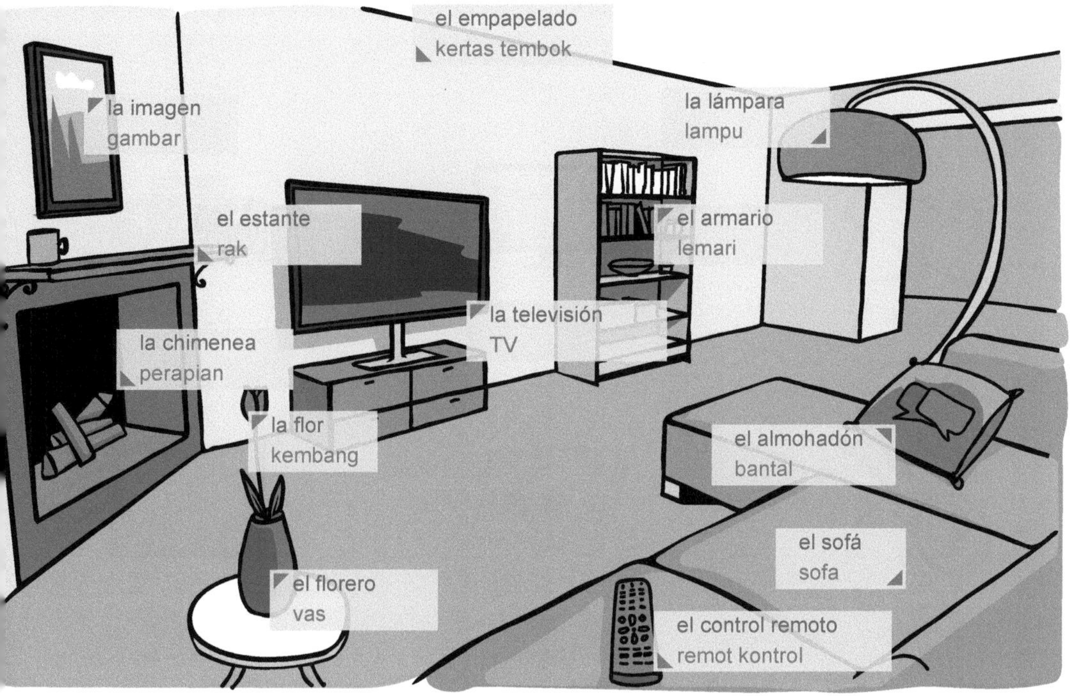

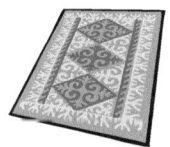

la alfombra

karpet

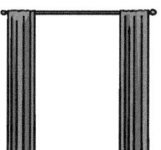

la cortina

korden

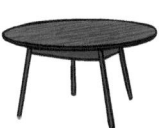

la mesa

meja

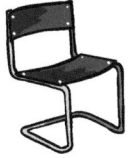

la silla

kursi

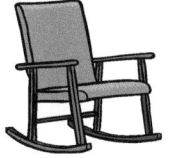

la mecedora

kursi goyang

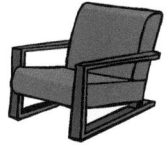

el sillón

kursi tangan

el libro

buku

la frazada

selimut

la decoración

dekorasi

la leña

kayu bakar

la película

film

el equipo de música

hi-fi

la llave

kunci

el diario

koran

la pintura

lukisan

el póster

poster

la radio

radio

el cuaderno

buku catetan

la aspiradora

penyedot lebut

el cactus

kaktus

la vela

lilin

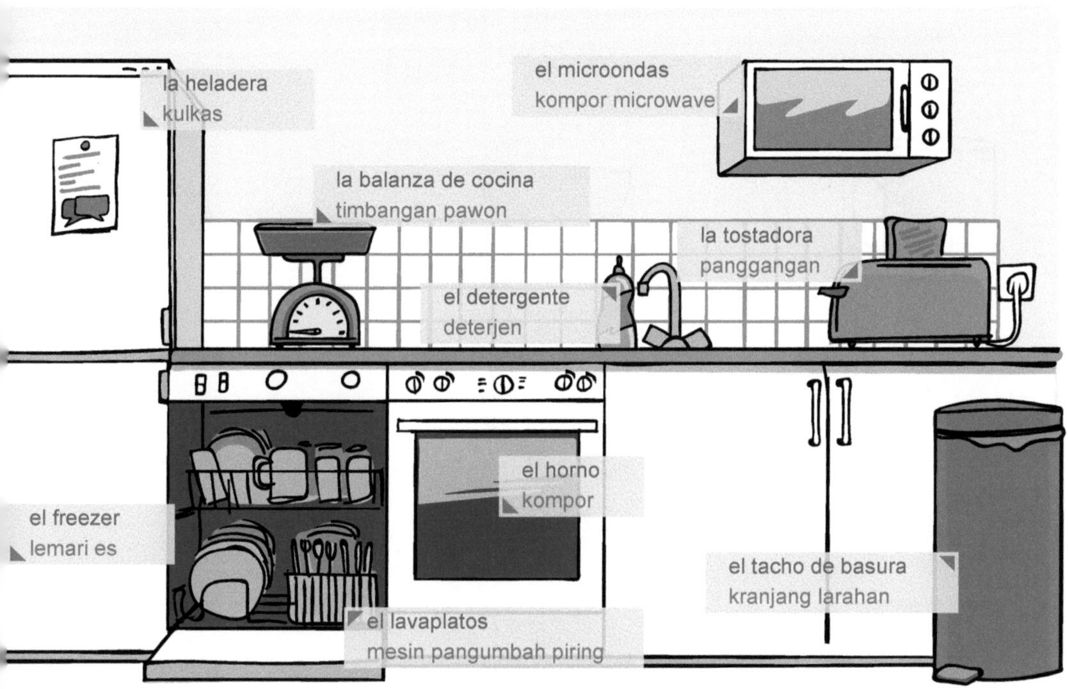

la heladera
kulkas

el microondas
kompor microwave

la balanza de cocina
timbangan pawon

la tostadora
panggangan

el detergente
deterjen

el freezer
lemari es

el horno
kompor

el tacho de basura
kranjang larahan

el lavaplatos
mesin pangumbah piring

la cocina
kompor

la olla
panci

la olla de hierro fundido
panci wesi

el wok
wajan

la sartén
wajan

la pava
ceret

la vaporera

kukusan

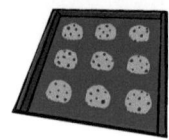

la bandeja de horno

loyang

la vajilla

pecah belah

la taza

mug

el bol

mangkok

los palitos

sumpit

el cucharón

irus

la espátula

solet

la batidora

udeg

el colador

ayakan

el colador

saringan

el rallador

parutan

el mortero

lumpang

la parrilla

panggangan

la fogata

geni

la tabla de picar

telenan

el palo de amasar

gilingan adonan

el sacacorchos

kotrek

la lata

kaleng

el abrelatas

bukaan kaleng

la manopla

cempal

la pileta

wastafel

el cepillo

sikat

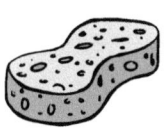

la esponja

sepon

la batidora

blender

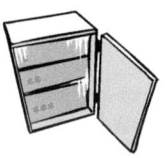

el congelador

kulkas

la mamadera

gendul bayi

la canilla

kran

el baño
jedhing

la calefacción
alat manasi
la toalla
andhuk
la ducha
pancuran
la cortina de la ducha
klambu jedhing
el baño de espuma
adhus unthuk
la bañadera
bak adhus
el vaso
gelas
el lavarropas
mesin ngumbah
la canilla
kran
las baldosas
tekel
la pelela
pispot
la pileta
wastafel

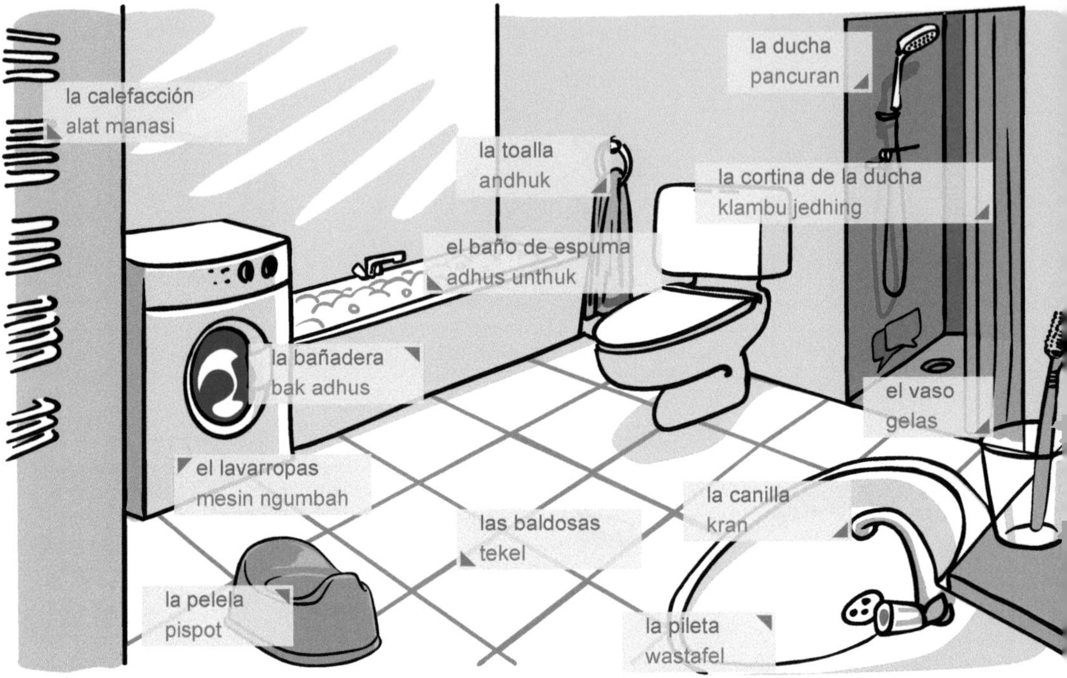

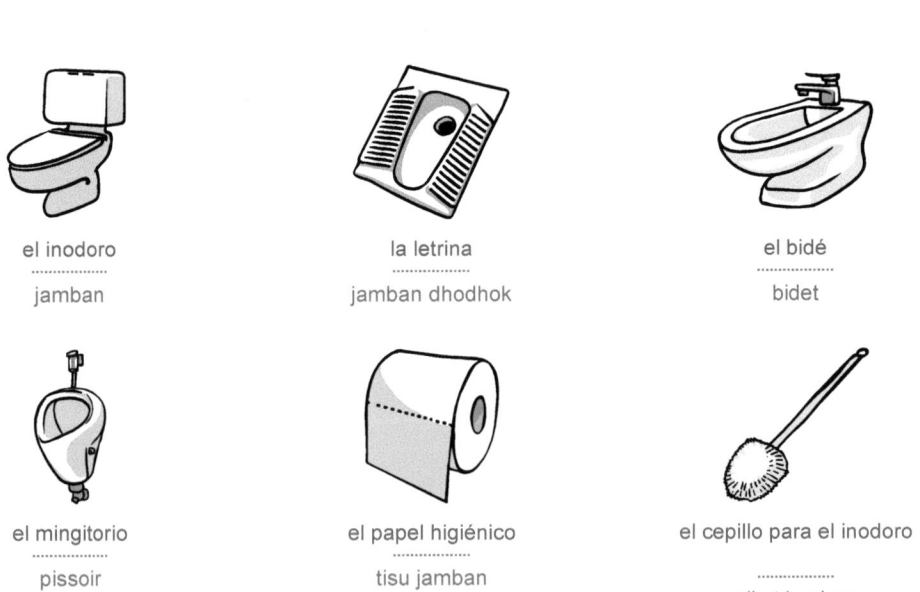

el inodoro

jamban

la letrina

jamban dhodhok

el bidé

bidet

el mingitorio

pissoir

el papel higiénico

tisu jamban

el cepillo para el inodoro

sikat jamban

el cepillo de dientes

sikat untu

el dentífrico

odol

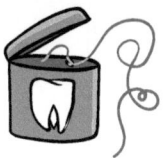

el hilo dental

bolah untu

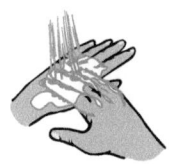

lavar

ngumbahi

la ducha de mano

gagang shower

la ducha higiénica

pancuran

la palangana

baskom

el cepillo para la espalda

sikat geger

el jabón

sabun

el gel de ducha

gel pancuran

el shampoo

sampo

la toallita

hem

el desagüe

nguras

la crema

krim

el desodorante

deodoran

el espejo

pangilon

el espejito

koco tangan

la maquinita de afeitar

silet

la espuma de afeitar

umpluk cukur

el aftershave

aftershave

el peine

jungkat

el cepillo

sikat untu

el secador de pelo

hairdryer

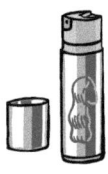

el spray

hairspray

el maquillaje

dandanan

el lápiz de labios

gincu

el esmalte para uñas

kuteks

el algodón

kapas

la tijera para uñas

gunting kuku

el perfume

parfum

el portacosméticos

kantong adhus

la banqueta

dingklik

la balanza

timbangan

la bata

ubah kanggo sawise adhus

los guantes de goma

sarung karet

el tampón

tampon

la toallita femenina

pembalut

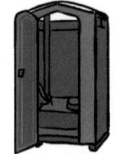

el baño químico

jamban nganggo bahan
kimia

el cuarto de los chicos
kamar anak

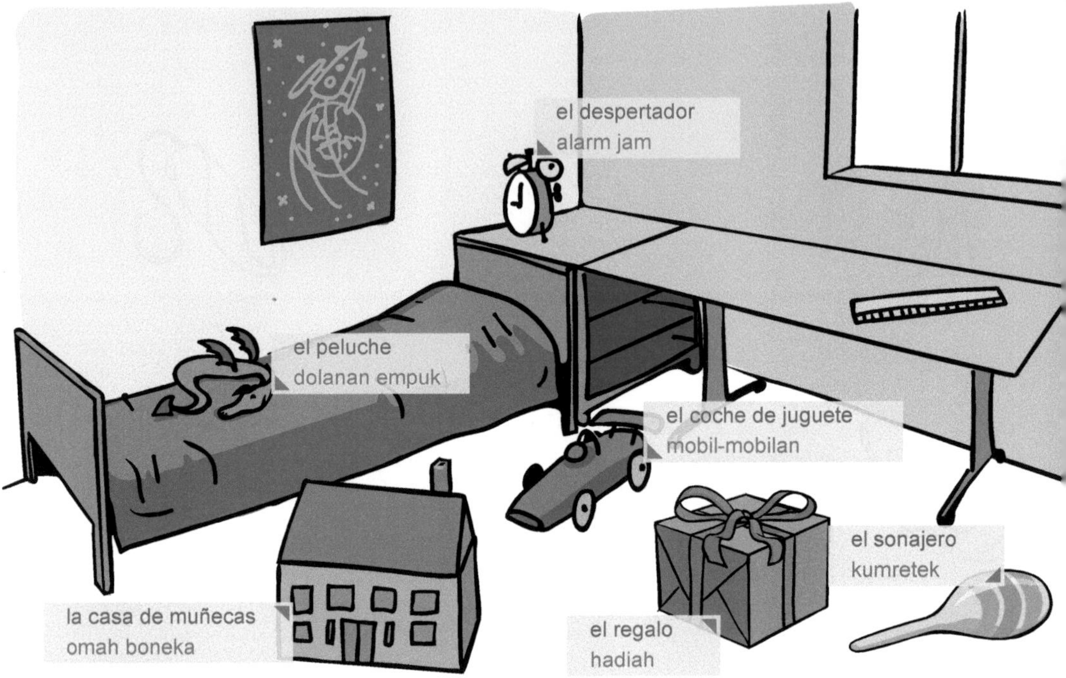

el despertador
alarm jam
el peluche
dolanan empuk
el coche de juguete
mobil-mobilan
el sonajero
kumretek
la casa de muñecas
omah boneka
el regalo
hadiah

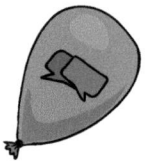

el globo

balon

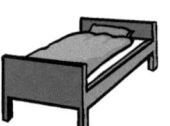

la cama

dipan

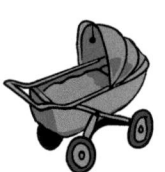

el cochecito

kreto bayi

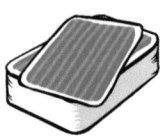

las cartas

meja kertu

el rompecabezas

teka-teki

SUPER
MEGA

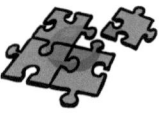

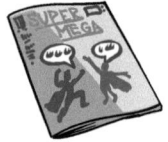

la historieta

komik

las piezas de lego

bata lego

los ladrillos de juguete

balok dolanan

la figura de acción

boneka aksi

el enterito (de bebé)

klambi bayi

el frisbee

frisbee

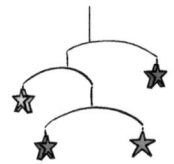

el móvil para bebés

dolanan gantungan

el juego de mesa

dolanan meja

los dados

dadu

el tren eléctrico

sepur dolanan

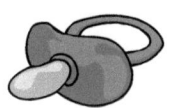

el chupete

dot

la fiesta

pesta

el libro de cuentos ilustrado

buku gambar

la pelota

bal

la muñeca

boneka

jugar

dolanan

el arenero

panggon dolanan pasir

la hamaca

ayunan

los juguetes

dolanan

la consola de videojuegos

konsol video game

el triciclo

sepeda roda telu

el osito de peluche

beruang teddy

el armario

lemari sandhangan

la ropa

klambi

las medias

kaos kaki

las medias panty

stoking

las calzas

kathok singset

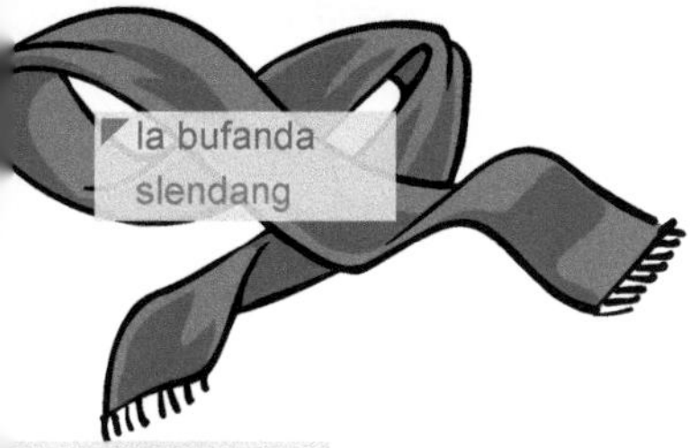

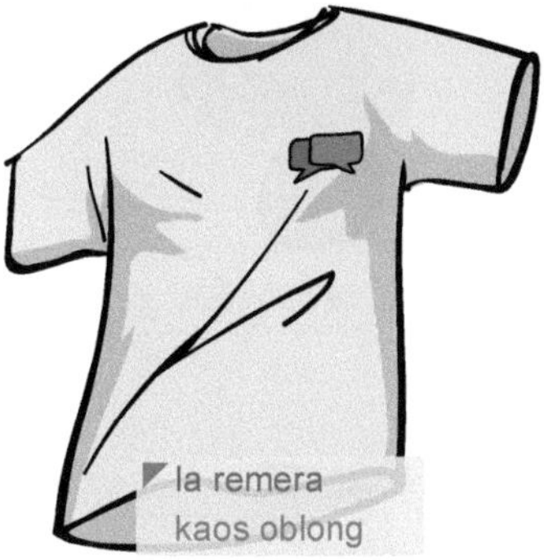

la bufanda
slendang

el cinturón
sabuk

el paraguas
payung

la remera
kaos oblong

las zapatillas
sepatu kets

las botas
sepatu bot

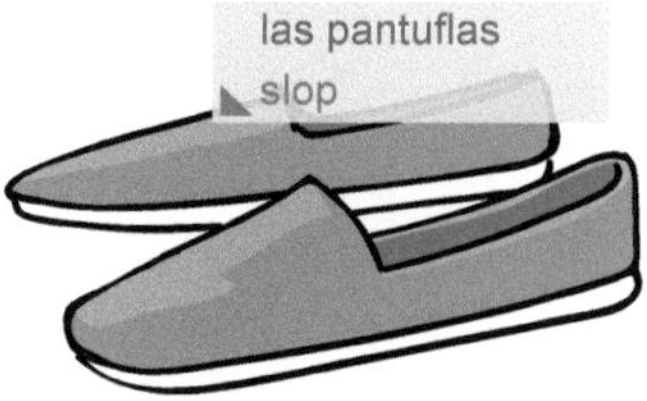

las pantuflas
slop

las sandalias

sandal

los zapatos

sepatu

las botas de goma

sepatu bot karet

la ropa interior

sempak

el corpiño

kutang

el chaleco

rompi

el body
awak

los pantalones
kathok

los jeans
kathok jins

la pollera
rok

la blusa
blus

la camisa
klambi

el pulóver
jaket nganggo kudung

el buzo
sweter

el blazer
blezer

la campera
jaket

el tapado
mantel

el piloto
jas udan

el traje
kostum

el vestido
gaun

el vestido de novia
gaun manten

el traje

setelan

el camisón

klambi kanggo turu

el pijama

piyama

el sari

kain sari

el pañuelo para la cabeza

kudung

el turbante

serban

la burka

cadar

el caftán

kaftan

la abaya

abaya

el traje de baño

klambi kanggo nglangi

el short de baño

kathok renang

los shorts

kathok cekak

el jogging

klambi trening

el delantal

celemek

los guantes

sarung tangan

el botón

benik

los anteojos

kacamata

la pulsera

gelang

el collar

kalung

el anillo

ali-ali

el aro

anting-anting

la gorra

peci

la percha

gantungan mantel

el sombrero

topi

la corbata

dasi

el cierre

slerekan

el casco

helem

los tiradores

bretel

el uniforme escolar

sragam sekolah

el uniforme

sragam

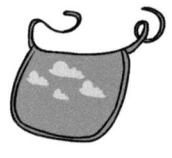

el babero

oto

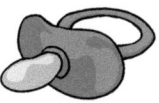

el chupete

dot

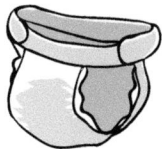

el pañal

popok

la oficina
kantor

el servidor
server
el archivero
lemari arsip
la impresora
printer
el papel
dluwang
el monitor
monitor
el mouse
mouse
el escritorio
meja
la carpeta
folder
el teclado
papan tombol
el tacho (de basura)
kranjang larahan
la computadora
komputer
la silla
kursi

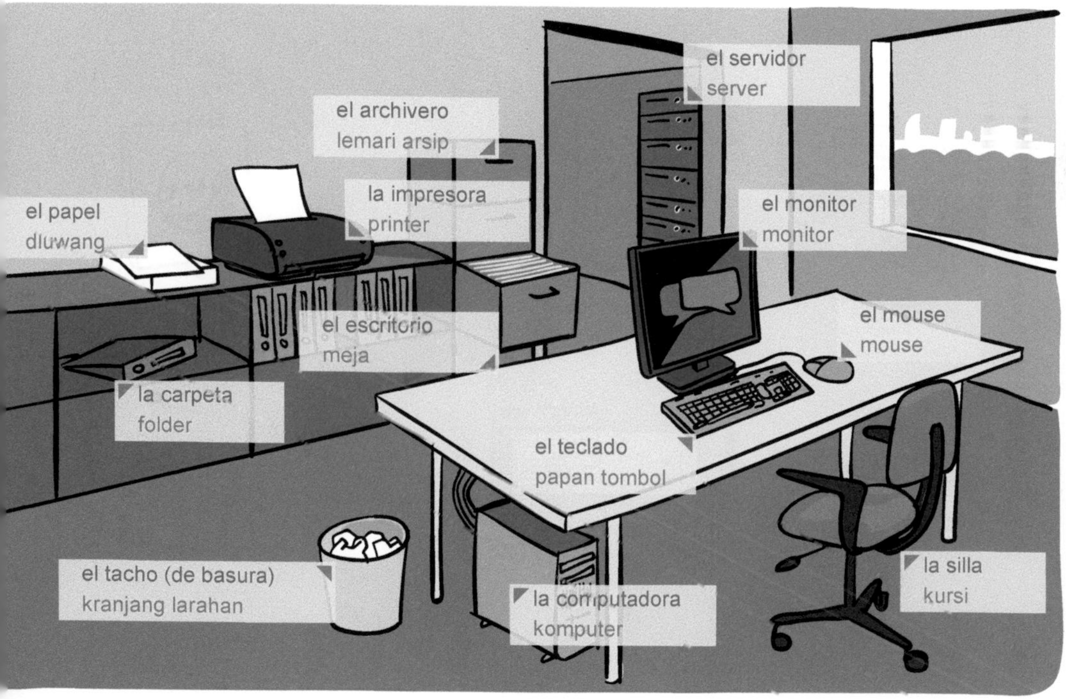

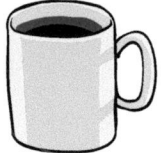

la taza de café

cangkir kopi

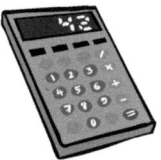

la calculadora

kalkulator

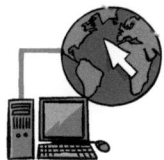

el internet

internet

la laptop

laptop

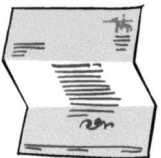

la carta

surat

el mensaje

pesen

el celular

HP

la red

jaringan

la fotocopiadora

mesin fotokopi

el software

software

el teléfono

telpon

el tomacorriente

colokan

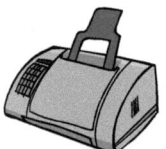

el fax

mesin faksimili

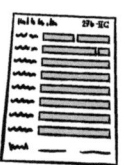

el formulario

blangko

el documento

dokumen

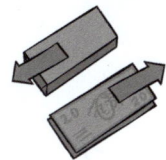

comprar
....
tuku

pagar
....
mbayar

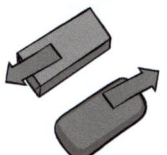

hacer negocios
....
bebakulan

el dinero
....
duit

 **USD**

el dólar
....
dolar

 **EUR**

el euro
....
euro

 **JPY**

el yen
....
yen

 **RUB**

el rublo
....
rubel

 **CHF**

el franco suizo
....
franc Swiss

 **CNY**

el yuan
....
yuan renminbi

 **INR**

la rupia
....
rupe

el cajero automático
....
cash point

las ocupaciones
gawean

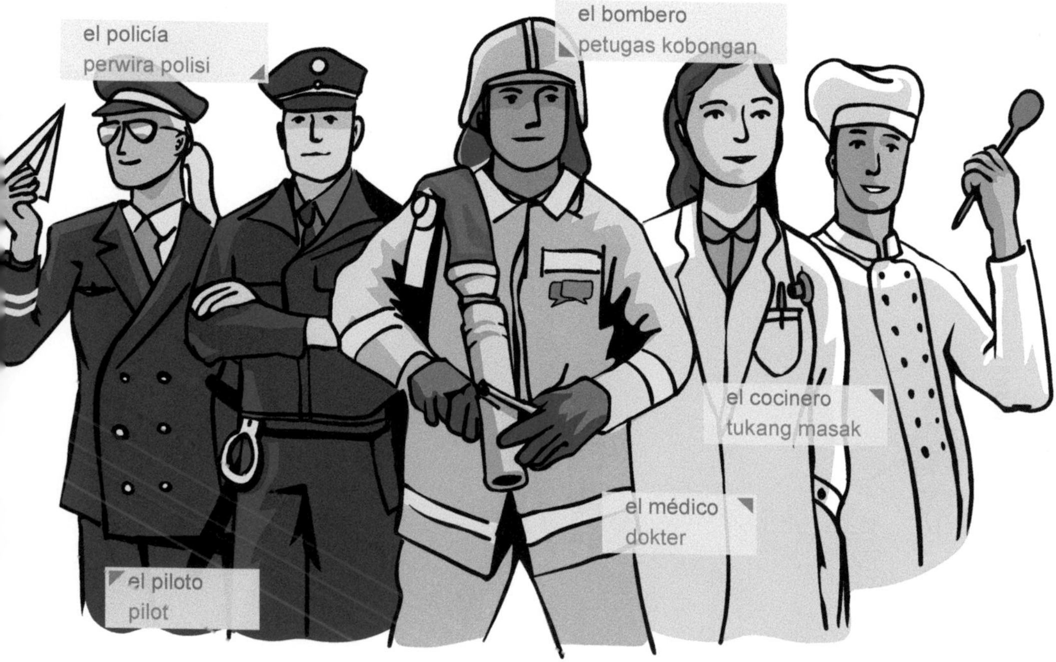
el policía
perwira polisi
el bombero
petugas kobongan
el cocinero
tukang masak
el médico
dokter
el piloto
pilot

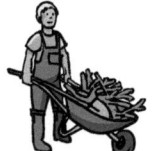

el jardinero

tukang kebon

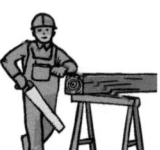

el carpintero

tukang kayu

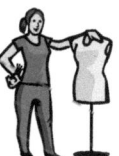

la modista

tukang jahit

el juez

hakim

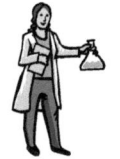

el farmacéutico

ahli kimia

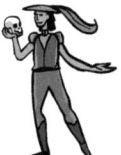

el actor

aktor

el colectivero

sopir bis

el taxista

sopir taksi

el pescador

nelayan

la mucama

tukang reresik

el techista

tukang pasang gendheng

el mozo

laden

el cazador

pamburu

el pintor

pelukis

el panadero

tukang roti

el electricista

tukang listrik

el albañil

tukang mbangun

el ingeniero

insinyur

el carnicero

jagal

el plomero

tukang ledeng

el cartero

tukang pos

las ocupaciones - gawean

el soldado

tentara

el arquitecto

arsitek

el cajero

kasir

el florista

bakul kembang

el peluquero

juru rambut

el cobrador

kondektur

el mecánico

mekanik

el capitán

kapten

el dentista

dokter untu

el científico

ilmuwan

el rabino

rabbi

el imán

imam

el monje

biksu

el sacerdote

pandhita

las herramientas

alat

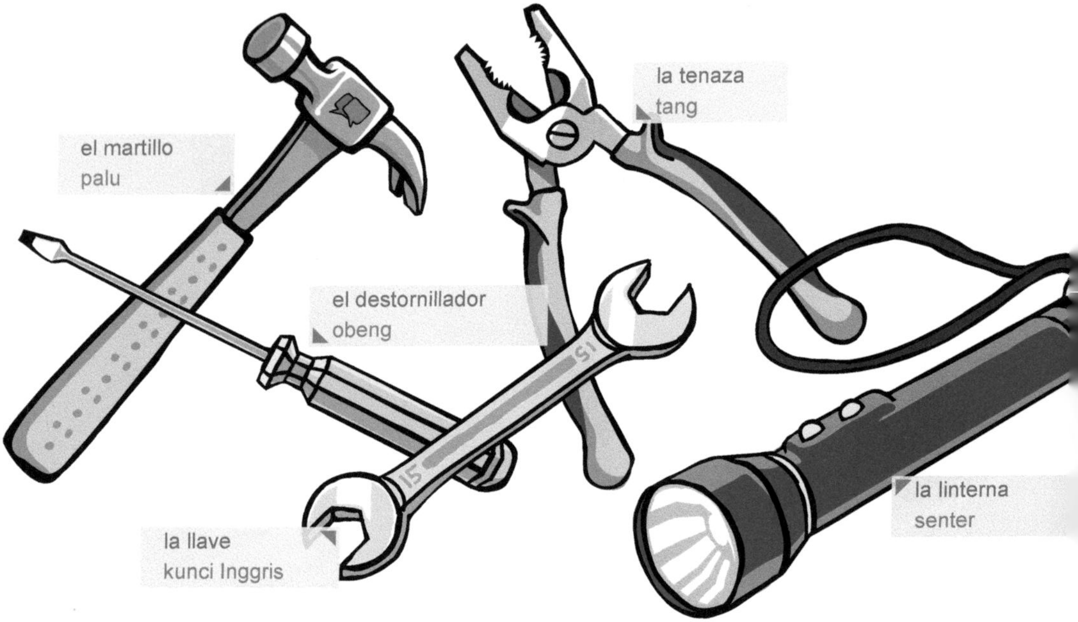

la tenaza
tang
el martillo
palu
el destornillador
obeng
la linterna
senter
la llave
kunci Inggris

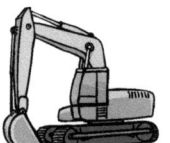

la excavadora

mesin kerukan

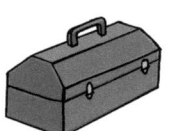

la caja de herramientas

wadah perkakas

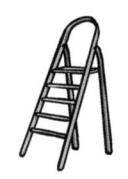

la escalera portátil

andha

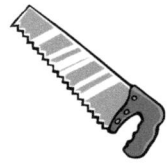

la sierra

graji

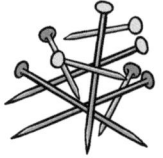

los clavos

paku

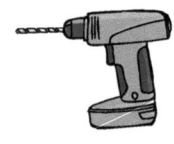

el taladro

bur

arreglar
ndandani

la pala de jardín
sekop

¡Qué bronca!
Bajigur!

la pala de plástico
serok

el tacho de pintura
kaleng cat

los tornillos
sekrup

los instrumentos musicales
alat musik

el parlante
speker

la batería
sak set tambur

la guitarra
gitar

el contrabajo
bass dobel

la trompeta
trompet

el piano

piano

el violín

biola

el bajo

bass

los timbales

timpani

el tambor

tambur

el teclado

keyboard

el saxofón

saksofon

la flauta

suling

el micrófono

mikropon

el zoológico

kebon kewan

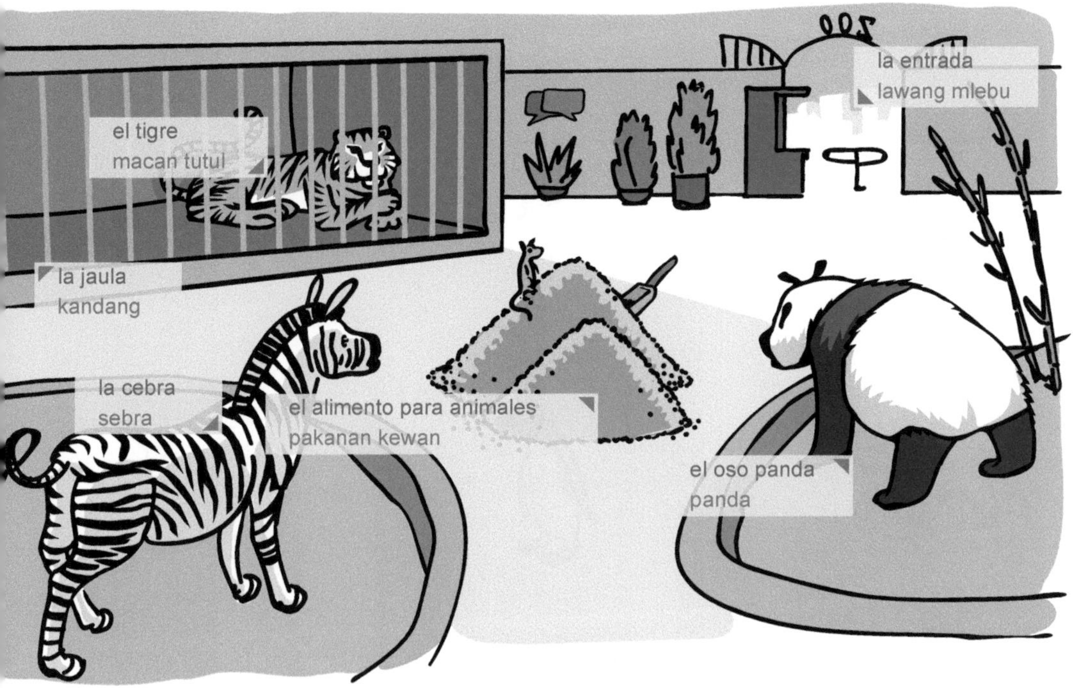

la entrada
lawang mlebu
el tigre
macan tutul
la jaula
kandang
la cebra
sebra
el alimento para animales
pakanan kewan
el oso panda
panda

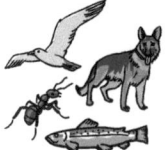

los animales

kewan

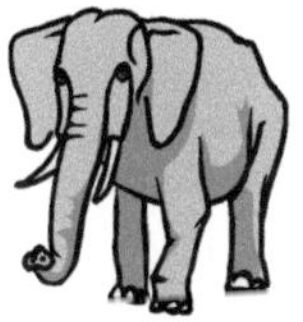

el elefante

gajah

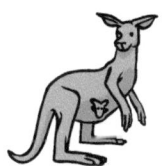

el canguro

kanguru

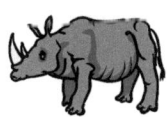

el rinoceronte

badak

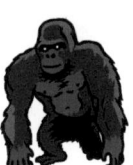

el gorila

gorila

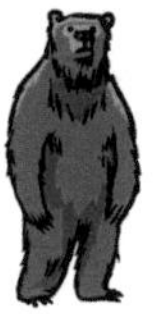

el oso

beruang

el camello

unta

el avestruz

manuk unta

el león

singa

el mono

kethek

el flamenco

flamingo

el loro

bethet

el oso polar

beruang kutub

el pingüino

pinguin

el tiburón

hiu

el pavo real

merak

la serpiente

ula

el cocodrilo

baya

el cuidador del zoológico

juru kunci kebon kewan

la foca

singa segara

el jaguar

jaguar

el poni

jaran poni

el leopardo

macan tutul

el hipopótamo

kuda nil

la jirafa

jrapah

el águila

garudha

el jabalí

celeng

el pescado

iwak

la tortuga

bulus

la morsa

walrus

el zorro

rubah

la gacela

kidang

el fútbol americano
bal-balan Amerika

el ciclismo
sepedahan

el tenis
tenis

el básquet
basket

la natación
nglangi

el boxeo
tinju

el hockey sobre hielo
hoki es

el fútbol
bal-balan

el bádminton
badminton

el atletismo
atletik

el handball
bal tangan

el esquí
ski

el polo
polo

las actividades
kegiatan

saltar
mencolot
abrazar
ngrangkul
reír
ngguyu
caminar
mlaku
cantar
nembang
soñar
ngimpi
rezar
ndonga
besar
ngambung

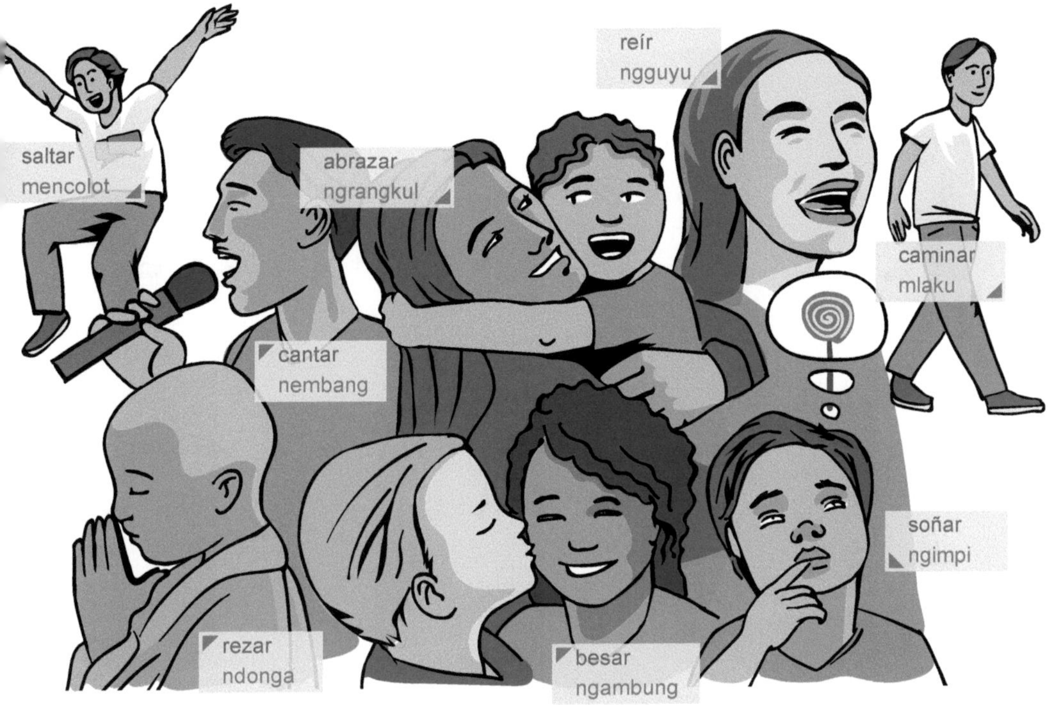

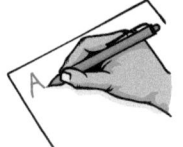

escribir

nulis

dibujar

nggambar

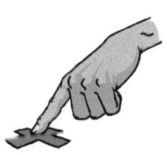

mostrar

nuduhake

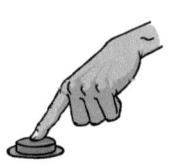

presionar

mencet

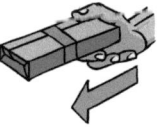

dar

menehi

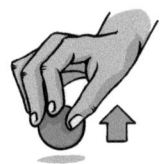

tomar

njupuk

tener
duweni

hacer
nindakake

ser
yaiku

estar parado
ngadek

correr
mlayu

tirar
narik

tirar
nguncalake

caer
tiba

estar acostado
ngapusi

esperar
ngenteni

llevar
nggawa

estar sentado
lungguh

vestirse
klamben

dormir
turu

despertar
tangi

mirar

ndheleng

llorar

nangis

acariciar

ngelus

peinar

njungkati

hablar

ngomong

entender

mangerteni

preguntar

takon

escuchar

ngrungoake

beber

ngombe

comer

mangan

ordenar

ngrapiake

amai

nrisnani

cocinar

masak

manejar

nyopir

volar

mabur

navegar

nglayar

calcular

itung

leer

maca

aprender

sinau

trabajar

kerjo

casarse

ngrabi

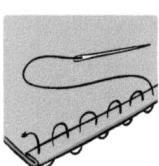

coser

njahit

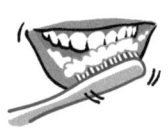

cepillarse los dientes

nyikat untu

matar

mateni

fumar

ngrokok

enviar

ngirim

la familia
keluarga

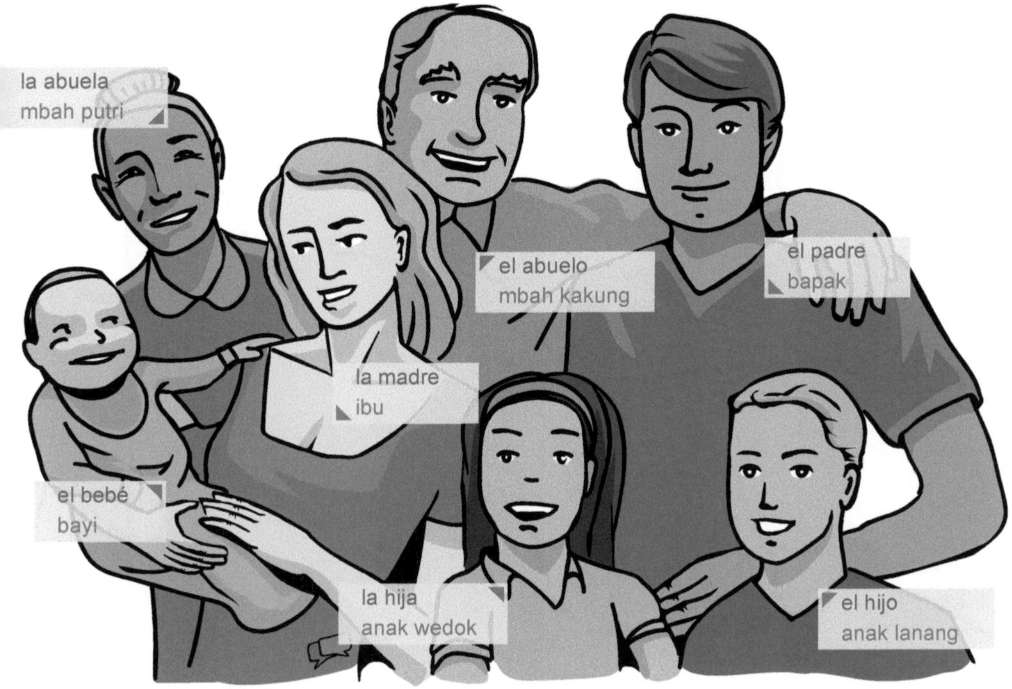
la abuela
mbah putri
el abuelo
mbah kakung
el padre
bapak
la madre
ibu
el bebé
bayi
la hija
anak wedok
el hijo
anak lanang

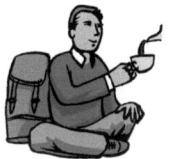

el invitado

tamu

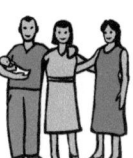

la tía

bu lik

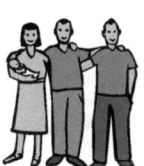

el tío

pak lik

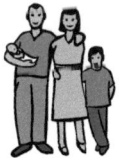

el hermano

dulur lanang

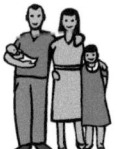

la hermana

dulur wadon

el cuerpo

awak

la frente
bathuk
el ojo
mripat
el hombro
pundhak
el dedo
driji
la cara
pasuryan
la pera
janggut
la mano
tangan
la pierna
sikil
el pecho
payudara
el brazo
lengen

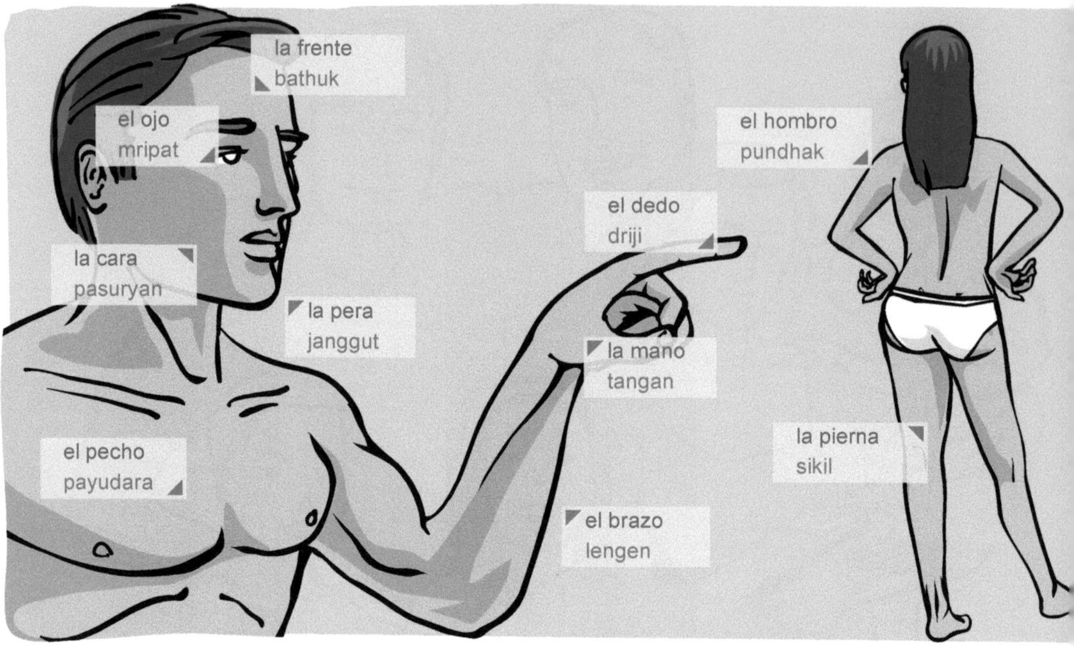

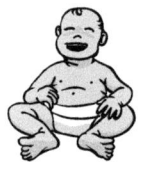

el bebé

bayi

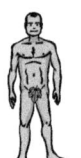

el hombre

lanang

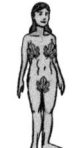

la mujer

wadon

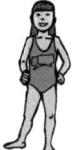

la nena

bocah wadon

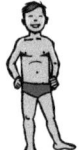

el nene

bocah lanang

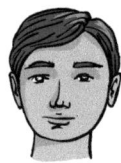

la cabeza

sirah

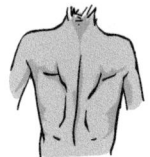

la espalda

geger

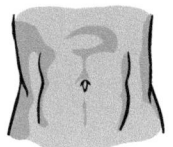

la panza

weteng

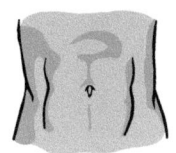

el ombligo

puser

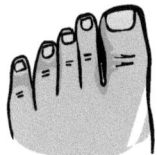

el dedo del pie

driji sikil

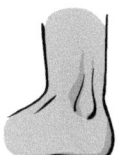

el talón

tungkak

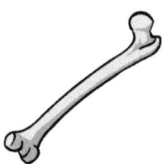

el hueso

balung

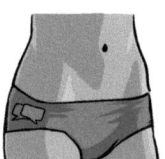

la cadera

panggul

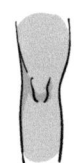

la rodilla

dengkul

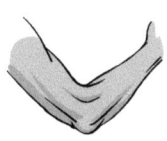

el codo

sikut

la nariz

irung

la cola

bokong

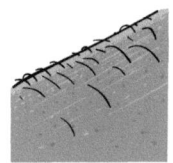

la piel

kulit

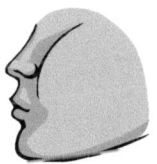

el cachete

pipi

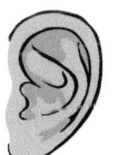

la oreja

kuping

el labio

lambe

el cuerpo - awak

la boca

lisan

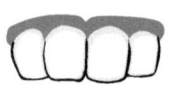

el diente

untu

la lengua

ilat

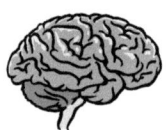

el cerebro

uteg

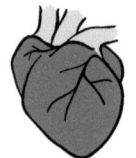

el corazón

jantung

el músculo

otot

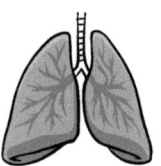

el pulmón

paru

el hígado

ati

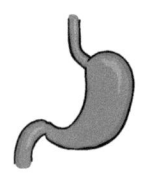

el estómago

garba

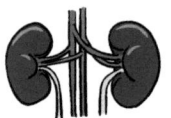

los riñones

ginjel

el sexo

sanggama

el preservativo

kondom

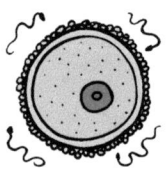

el óvulo

ovum

el semen

mani

el embarazo

mbobot

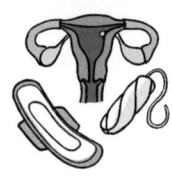

la menstruación

haid

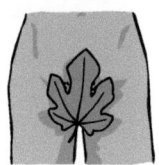

la vagina

vagina

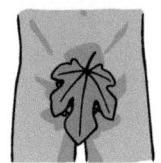

el pene

zakar

la ceja

alis

el pelo

rambut

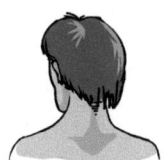

el cuello

gulu

el hospital
griya sakit

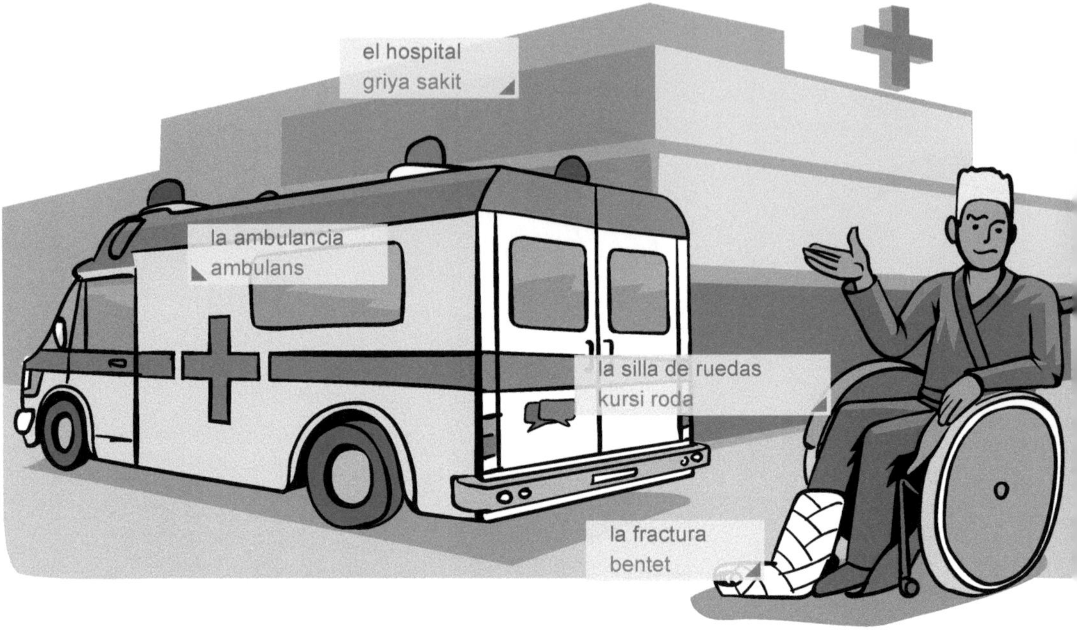

el hospital
griya sakit
la ambulancia
ambulans
la silla de ruedas
kursi roda
la fractura
bentet

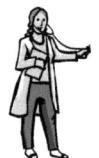

el médico

dokter

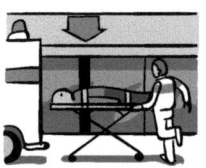

la sala de guardia

kamar gawat darurat

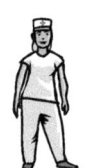

la enfermera

perawat

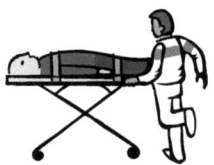

la emergencia

dharurat

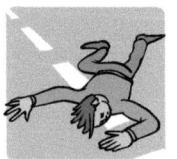

inconsciente

ora sadar

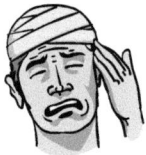

el dolor

linu

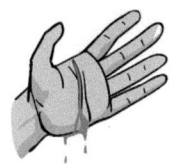

la lesión
tatu

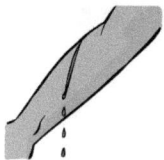

la hemorragia
getihen

el infarto
serangan jantung

el ACV
setruk

la alergia
alergi

la tos
watuk

la fiebre
ngelu

la gripe
pilek

la diarrea
diare

el dolor de cabeza
mumet

el cáncer
kanker

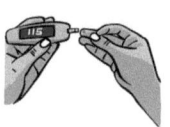

la diabetes
diabetes

el cirujano
ahli bedah

el bisturí
lading bedah

la operación
operasi

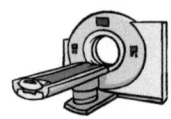

la TC
CT

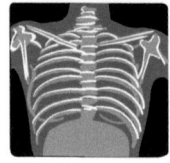

los rayos x
sinar x

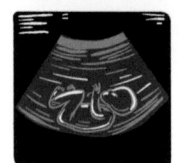

la ecografía
USG

el barbijo
masker

la enfermedad
penyakit

la sala de espera
kamar nunggu

la muleta
pitulung

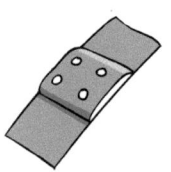

la curita
perban

la venda
perban

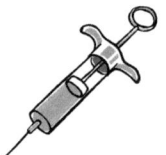

la inyección
suntik

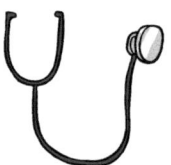

el estetoscopio
stetoskop

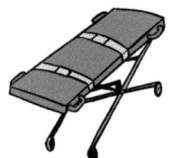

la camilla
tandu

el termómetro
termometer klinik

el nacimiento
lair

el sobrepeso
kalemon

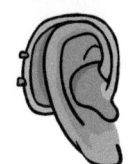

el audífono

alat bantu dengar

el desinfectante

disinfektan

la infección

infeksi

el virus

virus

el VIH / SIDA

HIV/AIDS

el remedio

obat

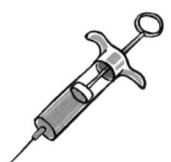

la vacunación

vaksinasi

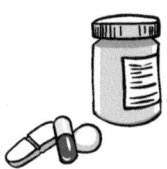

los comprimidos

tablet

la pastilla anticonceptiva

pil

a llamada de emergencia

nomer telpon darurat

el tensiómetro

ngukur tensi getih

enfermo / sano

lara / waras

¡Ayuda!

Tulung!

la alarma

alarem

la agresión

sergap

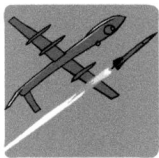

el ataque

serangan

el peligro

bebaya

la salida de emergencia

lawang metu dharurat

¡Fuego!

Kobongan!

el matafuego

alat mateni geni

el accidente

kacilakan

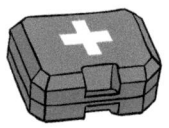

el botiquín de primeros
auxilios

pitulungan wiwitan

el SOS

SOS

la policía

polisi

Europa

Eropa

América del Norte

Amerika Lor

América del Sur

Amerika Kidul

África

Afrika

Asia

Asia

Australia

Australia

el Atlántico

Atlantik

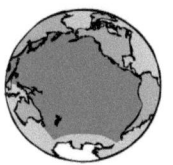

el Pacífico

Pasifik

el Océano Índico

Samudra Hindia

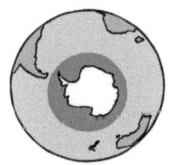

el Océano Antártico

Samudra Antartika

el Océano Ártico

Samudra Arktik

el polo norte

Kutub Lor

el polo sur

Kutup Kidul

la Antártida

Antarktika

la Tierra

bumi

la tierra

daratan

el mar

segara

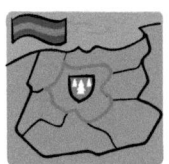

la isla

pulau

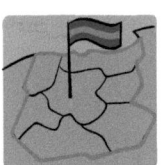

la nación

bangsa

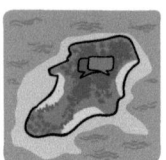

el estado

negara

la esfera

layar jam

la manecilla de las horas

dom jam

el minutero

dom menit

el segundero

dom detik

¿Qué hora es?

Jam piro saiki?

el día

dina

la hora

wektu

ahora

saiki

el reloj digital

jam digital

el mlnuto

menit

la hora

jam

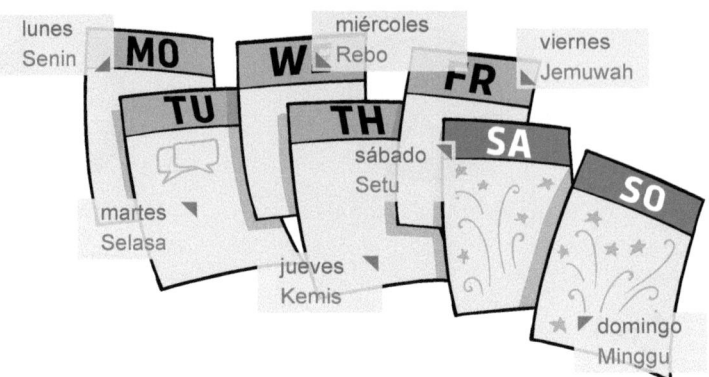

lunes
Senin

miércoles
Rebo

viernes
Jemuwah

martes
Selasa

jueves
Kemis

sábado
Setu

domingo
Minggu

ayer

wingi

hoy

saiki

mañana

sesuk

la mañana

esuk

el mediodía

awan

la tarde

bengi

MO	TU	WE	TH	FR	SA	SU
1	2	3	4	5	6	7
8	9	10	11	12	13	14
15	16	17	18	19	20	21
22	23	24	25	26	27	28
29	30	31	1	2	3	4

los días hábiles

dina kerja

MO	TU	WE	TH	FR	SA	SU
1	2	3	4	5	6	7
8	9	10	11	12	13	14
15	16	17	18	19	20	21
22	23	24	25	26	27	28
29	30	31	1	2	3	4

el fin de semana

akhir minggu

el año

tahun

la lluvia
udan es
el arco iris
kluwung
la nieve
salju
el viento
angin
la primavera
musim semi
el otoño
mangsa gugur
el verano
musim ketigo
el invierno
mangsa adem

4.APRIL 11°
5.APRIL 4°
6.APRIL 13°
7.APRIL 8°
8.APRIL 10°

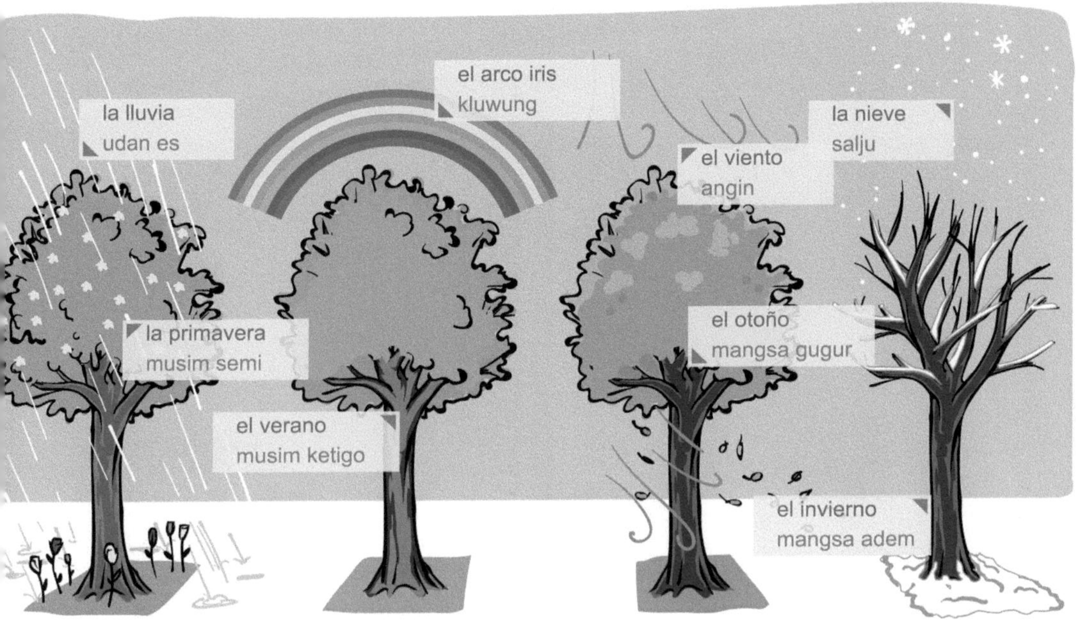

pronóstico meteorológico

ramalan cuaca

F C
120 40
90 30
60 20
30 10
0 0
-30 -10
-20

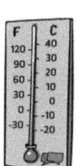

el termómetro

termometer

la luz del sol

srengenge

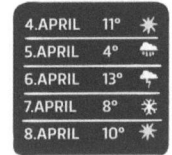

la nube

mendhung

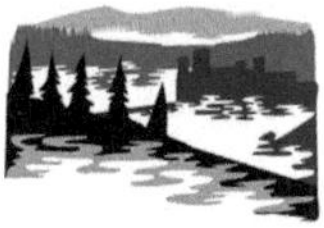

la niebla

kabut

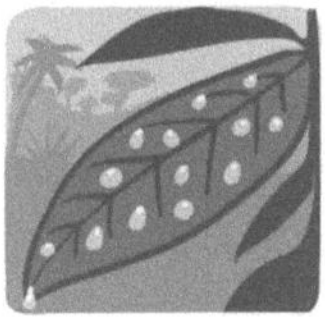

la humedad

kelembapan

el rayo

kilat

el trueno

bledheg

la tormenta

badai

el granizo

udan es

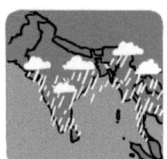

el monzón

muson

la inundación

banjir

el hielo

es

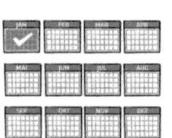

enero

Januari

febrero

Februari

marzo

Maret

abril

April

mayo

Mei

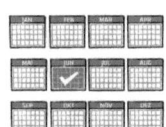

junio

Juni

julio

Juli

agosto

Agustus

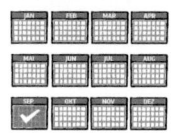

septiembre

September

octubre

Oktober

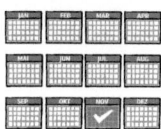

noviembre

Nopember

diciembre

Desember

el círculo

bunder

el cuadrado

kuadrat

el rectángulo

segi papat

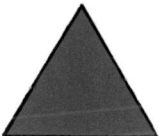

el triángulo

segi telu

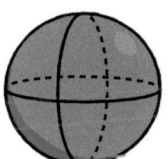

la esfera

bal

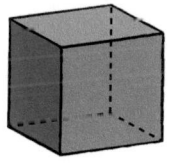

el cubo

kubus

colores

warna

blanco

putih

amarillo

kuning

naranja

oranye

rosa

jambon

rojo

abang

violeta

ungu

azul

biru

verde

ijo

marrón

coklat

gris

abu-abu

negro

ireng

mucho / poco

akeh / sithik

enojado / tranquilo

nesu / kalem

lindo / feo

ayu / elek

el principio / el fin

pawitan / pungkasan

grande / chico

gede / cilik

claro / oscuro

padhang / peteng

el hermano / la hermana

sedulur lanang / sedulur wadon

limpio / sucio

resik / reged

completo / incompleto

pepak / ora pepak

el día / la noche

awan / bengi

muerto / vivo

mati / urip

ancho / angosto

jembar / sempit

comestible / no comestible

....

iso dipangan / ora iso dipangan

malo / amable

....

ala / becik

entusiasmado / aburrido

....

seneng / bosen

gordo / flaco

....

lemu / kuru

primero / último

....

pisanan / pungkasan

el amigo / el enemigo

....

kanca / musuh

lleno / vacío

....

kebak / kosong

duro / blando

....

atos / empuk

pesado / liviano

....

abot / enteng

el hambre / la sed

....

luwe / wareg

enfermo / sano

....

lara / waras

ilegal / legal

....

illegal / legal

inteligente / estúpido

....

pinter / bodo

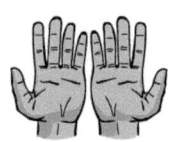

izquierda / derecha

....

kiwa / tengen

cerca / lejos

....

cedhak / adoh

nuevo / usado

anyar / lawas

nada / algo

ora ana / ana

viejo / joven

tuwa / enom

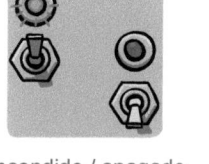

encendido / apagado

urip / mati

abierto / cerrado

buka / tutup

silencioso / ruidoso

anteng / rame

rico / pobre

sugeh / mlarat

correcto / incorrecto

bener / salah

áspero / suave

kasar / alus

triste / contento

susah / seneng

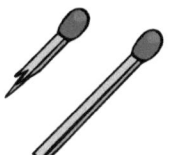

corto / largo

cendhak / dawa

lento / rápido

alon / banter

mojado / seco

teles / garing

caliente / frío

anget / adem

guerra / paz

perang / tentrem

angka

0

cero

nol

1

uno

siji

2

dos

loro

3

tres

telu

4

cuatro

papat

5

cinco

limo

6

seis

enem

7

siete

pitu

8

ocho

wolu

9

nueve

songo

10

diez

sepuluh

11

once

sewelas

12
doce

rolas

13
trece

telulas

14
catorce

patbelas

15
quince

limolas

16
dieciséis

nembelas

17
diecisiete

pitulas

18
dieciocho

wolulas

19
diecinueve

songolas

20
veinte

rong puluh

100
cien

satus

1.000
mil

sewu

1.000.000
el millón

sak yuto

basa-basa

el inglés

basa Inggris

el inglés americano

basa Inggris Amerika

el chino mandarín

basa Cina Mandarin

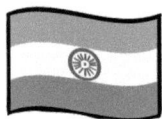

el hindi

basa Hindi

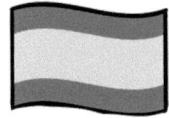

el español

basa Spanyol

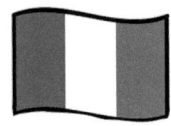

el francés

basa Prancis

el árabe

basa Arab

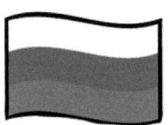

el ruso

basa Rusia

el portugués

basa Portugis

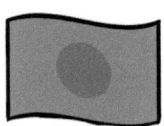

el bengalí

basa Bengali

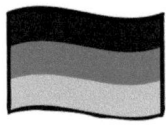

el alemán

basa Jerman

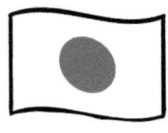

el japonés

basa Jepang

yo

aku

vos

kowe

él / ella

dheweke

nosotros

kita

ustedes

kowe kabeh

ellos

dheweke kabeh

¿quién?

sapa?

¿qué?

apa?

¿cómo?

piye?

¿dónde?

neng endi?

¿cuándo?

kapan?

el nombre

jeneng

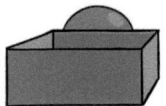

detrás

mburi

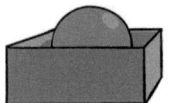

en

ing jero

adelante de

ing ngarep

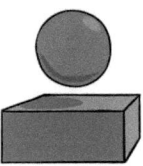

por encima de

ing dhuwure

sobre

ing

debajo de

ing ngisore

al lado de

sisih

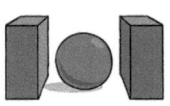

entre

antarane

el lugar

panggonan